Illya Stepanenko
(Elías)

Somos cuerpo y alma

Somos cuerpo y alma

© Del texto: Illya Stepanenko (Elías)
© De las fotografías: Santiago A. Caruso
© De esta edición: NPQ Editores
www.npqeditores.com
edicion@npqeditores.com

Primera edición: febrero, 2024
Impreso en España

Los papeles que usamos son ecológicos, libres de cloro y proceden de bosques gestionados de manera eficiente.

ISBN: 978-84-19924-52-0
Depósito legal: V-171-2024

Illya Stepanenko
(Elías)

Somos
cuerpo
y alma

NPQ
Editores

La verdad a nadie gusta, es más, asusta, esta historia continúa. Cuento un poco las dos formas de vida que viví desde el primer nacer y la forma de verlo en el segundo nacer. Curioso cuando tu inicio es cuando tienes ya veintiocho años y todo comienza de cero.

Mi pasado lo fui adquiriendo poco a poco, y no por decisión mía, sino por el cuerpo, ya que el alma seguía viva.

Es duro cuando el recuerdo que adquieres al despertar es ver el cielo, en el que antes no creía de ese modo, decía energía, y buscaba piedras de energía (pero era ridículo, ya que todo es de Dios). Todo, seamos claros, sí, cuesta admitirlo. Todo llega y pasa según nuestra vida.

Mi pasado de antes de veintiocho años no era muy puro, ya que los deseos del cuerpo hacen que se pierda uno. Entonces, dicho esto, sigo contando el segundo despertar. Hablar de Dios como nunca antes, y ver el lado bueno en todo. Darme cuenta de que al fin somos humanos, ya que el cuerpo es temporal; pero el alma, eterna.

El ver todo con otros ojos. Y no reconocer del pasado que me contaban. Curioso cuando intenté buscar a los de antes. Pero me di cuenta de que los intereses habían cambiado, ya que ahora solo quería ayudar aunque no tuviera nada.

Antes del accidente también, pero curioso por qué antes, inconscientemente, le pedía a Dios y le suplicaba (aún en la duda de su ser). Pero, cuando lo que le pedía triunfaba, me olvidaba de que se lo pedía. Y el hombro estrujaba (pensando que era por mí).

El día que caía, al año y un mes recordé cómo fue: iba conduciendo la moto, llorando desesperado, ya que había vivido sucesos duros que no podía superar.

Y, conduciendo, le pedía a Dios que hiciese. Simplemente, dudé de si existía y pregunté, con lágrimas en los ojos mirando al cielo: «Señor Dios, si realmente existes, muéstrate, estoy rendido, ya no puedo más».

Mi cuerpo se pierde en la amargura y la lujuria, y el alma padece y llora en soledad cuando el plato del fracaso que busco me amarga.

Y duro es cuando parece ser que, si pides de alma y fuerte, pero no por simple y buscando excusas, si no, espera, ya que nunca puedes predecir el futuro, planear, organizar, tal vez.

El ver el cielo y estar en paz, lo duro fue volver atrás, que al principio oía más lo que me dijo, pero con el paso del tiempo, y los deseos de los cuerpos a los que quería ayudar, ya que no diferenciaba (el alma y el cuerpo) el bien y el mal.

Illya Stepanenko (Elías)

Por lo que me contaron, me estuvieron buscando tres días, ya que la gestión de mi volver a nacer fue peculiar. A las dos semanas pedía el alta voluntaria, a pesar de no ver bien y tener dificultad de caminar.

Pero yo decía:

No quiero estar aquí, quiero descansar en mi hogar, no os preocupéis, no estoy tan mal.

Es más, recuerdo a las enfermeras al principio contentas, diciendo que cuando venga el médico sabré todo, que no me preocupara.

En pocas palabras, cuando vino el médico me dijo:

—Te tengo que dar una mala noticia: has tenido un accidente y has olvidado cosas.

Mi contestación:

—No pasa nada.

Él insistió con dura mirada y tristeza y cuerpo encorvado estando de pie:

—No lo has entendido: has tenido un accidente de moto, has tenido un traumatismo craneal, una hemorragia interna cerebral, y hay un 30 % que puede que no vayas recordar.

Mi cuerpo se asustó, pero el alma, a través de la boca, dijo:

—No pasa nada, he olvidado cosas buenas y cosas malas.

A lo cual el supuesto médico se puso firme como un soldado y señaló con el índice de la mano derecha diciendo:

–Con esa actitud saldrás rápido. –Y con una sonrisa en su rostro.

Claro, el hecho es que a los tres o cuatro días empezaban a venir amigos y conocidos a verme. Había algunos que recordaba, y otros que mi alma me decía que no quería ver y, curiosamente, no conseguía mi cuerpo recordar sus rostros o lo vivido con ell@s.

El hecho de decir que tenía un negocio familiar, vivía solo y que por qué me pasó esto.

Yo dentro de mí pensaba: «¿De quién es la vida de la que me hablan?».

Estaba intrigado por descubrir el pasado, ya que me venían a visitar policías, amigos, médicos, abogados, etc.

El hecho de escuchar el alma me tranquilizaba. Me decía: «Tranquilo, espera un poco, un año, dos años y estarás como antes».

Curioso que me aliviaba esa voz, ya que estaba vivo y claro de lo que viví en el estado de coma y en aquel asfalto enfrente del mismo hospital en el que acabé.

Vivía cerca y el hospital se llamaba La Fe.

Recuerdo mandar un mensaje a mis amigos: «Ya estoy en casa».

Ya que paré, para secarme las lágrimas, ya que no veía, claro la pregunta de si Dios existía la hice unos cuantos segundos antes de parar.

Arranqué la moto y seguí entristecido.

A lo que en menos de un minuto, un coche (no sé por qué recuerdo un coche de los noventa, verde, BMW o Mercedes) no lo sé con exactitud. Unos tres o cuatro jóvenes en él. Y yo no me esperaba que saliese marcha atrás. Perdí el control y caí. Lo más curioso es un recuerdo casi eterno. Cuando caía, me decía (claro, antes escuchaba más al cuerpo que al alma): «Vaya, tal vez no está bien ya había tomado con mis amigos para superar el mal trago –y a la vez diciendo–: pero voy al suelo, ya que ellos me han cortado el paso».

Curioso, ya que no pensé que jamás viviría esta experiencia de ver momentos de mi vida pasar a cámara lenta. Lo vi en películas y pensé que era un invento.

Pero el caer.

Y desaparecer.

Ver el cielo y un hombre pequeño con barba y cabellos canosos, que a su derecha tenía un hombre delgado sentado medio rendido con barba y pelo oscuro.

En una especie de baúles enormes (cuando desperté los primeros medio año, pensaba que era Nacho –Ignacio Pinazo Flores– al que hice un homenaje prometido desde pequeño en su funeral cuando apenas tenía catorce años). No podía llorar, y recuerdo decirle a su madre:

–Su hijo para mí sigue vivo porque la última vez que estuve con él me habló de la vida tan maravillosa y simple.

Él era un joven músico de treinta y tres años y, a su vez, compañero y uno de los jefes de mi madre, del restaurante familiar que tenían.

Lo dicho: al principio recordaba más lo que me dijeron.

Al tiempo, cuando la gente me contaba la despedida de Ignacio, dudaba un poco de que fuese él, ya que había formas y maneras de «irse» que me contaban. A lo cual decía:

—Que duerma en paz.

En cierto modo predije algunos elementos que sucedieron en el mundo a lo largo de los siguientes años. Tanto mi familia como mis conocidos no se creían lo que estaba pasando.

El hecho de ver las puertas. El hombre pequeño (barba y cabello blanco) con una sonrisa en la cara y, la verdad, yo ahí estaba feliz y en paz. Lo siguiente, ver detrás del hombre unas puertas muy anchas, la verdad, no vi nunca jamás unas puertas tan anchas, no tan atlas como anchas.

Y lo siguiente, ver el fuego: mis conocidos y gente de mis círculos, de pasarlo bien y festejos (todos en llamas felices y danzando). Lo siguiente, estar encima de la Finca Roja, flotar en la gestoría del negocio de mi madre. Y a su vez vi aquella marca que registré, Semyá, en una carpeta. Antes no hice gran cosa con ella. Simplemente me la tatué cerca del corazón. Y lo puse en la contraetiqueta del mono Shiraz. Al volver (siento hacer tantas visiones distintas). Claro, creía en la familia, creía en la paz, creía en el bien, y que todos tenían que salvarse, ya que parece ridículo.

Pedir verlo por pérdidas que tenía que haber aceptado y no sufrido:

¤ Padre: accidente de moto con costillas rotas a punto de morir.

¤ Mamá con cáncer de pecho.

¤ Dos meses antes de mi accidente, andaba escuchando más al cuerpo que el alma, aunque el alma decía lo correcto, pero el cuerpo andaba a la busca del deseo y el placer (fiesta y lujuria). Me partieron la boca por separar una pelea, un joven africano quiso aprovechar la distracción para robarme la cartera.

No pensé que perdería los dientes, y así es, los perdí. Los dos incisivos. La verdad, ahora y desde el despertar: estaba feliz.

Aprendí a no sufrir, ya que lo curioso es que tuve que aprender a hablar, y a estudiar. El cuerpo era como un niño, qué pena no haber tenido primeros meses el pañal (pero no lo digo por dar pena), sino que el cuerpo buscaba lo que antes le daba el placer momentáneo.

Curioso qué pronto se va ese placer y lo buscas con más ansia que antes, ¿verdad?

Bueno, perdón, no quería tanto reflexionar y ofender a nadie.

Volver a estudiar idiomas.

Superar miedos desde el comienzo.

Cuando apenas recuperé un poco la movilidad de la mano derecha, no recuerdo cuánto tiempo fue, me obligué a conducir (pasé miedo y lloré). Pero superar el miedo fue pasar por donde caí.

Pero duele cuando el accidente sale en una investigación y no se implican a buscar a los otros. La verdad, doy gracias a Dios, viví ese suceso, ya que hizo que empezase a valorar el día a día y, lo dicho, no soy perfecto.

La tierra era santa hace muchos siglos. Solo que el deseo y la perversión han hecho que se pierdan las almas. Ahora mismo vivimos en una sociedad en la que casi todos se creen dioses. La mayoría solo quieren el momento, el placer, dinero y poder.

Vaya, me he perdido yo. Sí, lo admito, ¿pero a los demás qué les pasó? ¿También cayeron en el abismo?

Es verdad, se me olvidó decir que la expresión de antes es una pregunta de reflexión, ya que al volver dejé de preguntar. Al ver a Dios no dudaba, lo triste es que en más de un@ confiaba, pero me rendía ver que era máscara teatral, que simplemente querían aparentar.

Pero, bueno, para nada los voy a juzgar. Ya que yo el «pan de mí» les quería dar. Me refiero a la gratitud y la ilusión. Ya que acudía más de uno en busca de la paz y la esperanza.

Sonará difícil creer eso, y pido perdón por si alguien se ofende, pero no lo digo a mal, solo que toda película tiene su final.

Primer año: ceguera de ojo derecho (y, ojo, no ponerse nervioso ni tenso, que de ahí ceguera con mareos y vértigos) jamás pensé sentir esto, de llevar el cuerpo más mal que mal.

Pero, eso sí, el alma en paz y dándome esperanza.

A lo largo del tiempo empecé a trabajar con un artista, Alejandro Gilabert López, cuyo nombre artístico es AKA SOEN, que me apoyó a pesar de mis dificultades. Me enseñaron un clip en el que colaboré con ellos antes de caer. Y, la verdad, me gustó y, cuando preguntaba por ciertas escenas, me decían que gracias a mi amistad con esa gente lo pudieron hacer (simple unos segundos), que me dieron una forma de ver que el alma podrá dirigir a pesar de la falta del que era antes.

Pero, claro, el cuerpo... Dichoso cuerpo, en más de una ocasión quería volver a ser yo, pero entre no recordar todo bien y la verdad, el primer año casi nada.

Buscar mi pasado por fotos y conversaciones en diferentes sitios con gente que algunos no entendía de qué conocía y otros me avergonzaba del anterior Illya (Elías), ya que leía los pecados de mí mismo, recordad, lo dije al principio: el cuerpo y el alma.

Tardé casi un año y medio en empezar a tener medicación; eso sí, jamás en mi vida acudí a urgencias como desde el segundo despertar.

No deseo a nadie experimentar eso, ya que no es fácil el ver que ni la familia puede superar ese proceso, ya que están malos también y yo, ridículo, infantil, diciendo:

—Todo irá bien.

Y la verdad no es infantil, sino que al volver veía la vida como un niño y me daba cuenta de que ahora podría ser distinto. Lo curioso cuanto más quería estar en paz.

A mi cuerpo le buscaban los antiguos placeres (amig@s) buscando lo que ya no podía dar, mejor dicho, ni entendía nada en primer lugar.

Seguí animando artistas de diferentes estilos y dirigiendo o invirtiendo en algunos vídeos, gracias a ellos. Y eso me hizo poder transformar las voces que no podía pronunciar, ya que no estaba seguro de tal, poco a poco fui escribiendo.

Realmente solo dos líneas:

Todo es posible mientras uno cree.

Todo es posible hasta que el alma muere.

Con esas frases motivaba a los artistas, a gente rendida y, bueno, sinceramente, a casi todos los que tenía en mi camino.

El hecho de que el alma nos da el poder de la mente, eso sí.

El cuerpo, cuanto más este entorpecido con costumbres no gratas, puede hacer que el alma muera.

Y es real, lo curioso que Dios es divino. Dichosos los que dudan de él. Es solo uno.

El cuerpo en la tierra busca hacerse rico por los placeres absurdos.

Ya que Cristo dijo: «Amemos a Dios». No hay nada más simple, pero nadie quiere verlo.

Incluso haciendo un análisis profundo de la historia, antiguamente, la Fe daba esperanza de un día de mañana, qué curioso que hoy en día dicen que es mejor un psiquiatra.

La verdad, tardé un año y medio en dar el primer paso en buscar una respuesta en cuerpos. Ya que hasta ese momento me indicaba por señales. Eso sí, pidiendo a Dios.

Y eso que antes seguro que diría y me olvidaría y pensaría que soy yo.

Pero no, no nos engañemos, el aceptar lo llevamos dentro, escucha el alma que te dice, no el cuerpo que puede dar mala pasada.

Ejemplos:

- ¤ Pedir al señor verlo, y dejarse ver.
- ¤ Decir: «Señor, necesito ver y recuperar la vista».
- ¤ Pedir: «Señor, necesito no perder».
- ¤ En pandemia, pedir al Señor por necesitar trabajo, girar la cabeza y ver (en un Telepizza): «Se buscan tres repartidores», y saber con claridad que no es casual, ya que el alma me guía con esa señal. Eso sí, me esperaron para contratar, ya que el alma habló tan claro que en un par de días me dieron el puesto laboral (sin llevar currículum).
- ¤ También de tener a una dama que me cuidaba y tener un romance en el que al tiempo un día debatiendo por La Fe, ni más ni menos le pedía que me acompañase a la Iglesia o mezquita, donde fuera. Quería sentir esa paz para mi alma, me pasaba horas dando gracias, ya que no sabía rezar, y la parienta harta a tal punto que dijo:

–Para, soy cristiana católica porque he sido bautizada.

Le dije:

–Coge el casco, que te llevo al trabajo, no puedo discutir con un santo. –Al dejarla cerca del trabajo, le dije–: Piensa bien en lo que ha pasado.

Dijo:

–Sí.

Y también, al marcharme y cruzar el puente del río (parque) que hay en la ciudad de Valencia, vi las puertas de una «Iglesia» (era un convento, no lo sabía), paré la moto, ya que en el cuerpo el fuego ardía, y el alma quería paz y buscar una respuesta a esta señal. Una monja salió y a través de cristal con precaución (ya que, no lo dije, era pandemia y solo podías ir al trabajo), le dije:

–Que salga la persona más responsable, me estoy rindiendo en el camino, ya que ayudo, ni en mi casa tengo el apoyo, el auxilio (como mi pareja me decía de casarse y tener hijos conmigo).

Eso sí, sin la Iglesia por medio ya que no quería (curioso, cristiana y en caída del abismo). Me dijo la mujer:

–El párroco tardará en salir.

Le dije:

–No tengo prisa hasta las 18:00 (eran las 10:00).

A la hora y poco salió Borja Grau, mi primer guía. Parece que suena a utopía, pero le leí mi primera poesía, me pasó dentro del convento, le

16   *Illya Stepanenko (Elías)*

conté mi despertar, mi ver de las señales y que me estaba rindiendo y que mi cuerpo estaba empezando a ahogarme, a lo cual, el sacerdote dijo:

—Si quieres, te puedo confesar, ya que noto tu alma dolorida y entristecida.

Le dije:

—Hará unos quince años que no me confieso.

Pero, llegado a este punto y al vivir el despertar, no me quedaba otra que una respuesta y alivio que aceptar.

Me habló de Bosnia, apenas abrían fronteras con vacío legal, para poder viajar, y le dije:

—Qué bueno.

Me ofreció venir, a lo cual le contesté:

—Aunque mi cuenta del banco no me deja ni avanzar. —En aquel momento -1700 €.

Me llamó a la semana preguntando si pude conseguir algo, le dije:

—La verdad, lo he intentado, pero mi cuenta ahora está en -2700 € y no puedo participar.

Me dijo:

—Borja, tú reza y rezo por ti, que sea lo que Dios quiera.

Curioso que al día me dijo por teléfono que la Virgen manifestó que viniese al retiro.

Vaya, *wow*, cuando me dijo la noticia, curioso que estaba en casa de mis padres de visita, justo en el cuarto que antes era mío diciendo «Wow, wow», y tumbarme en la cama del vértigo que adquiría (porque, la verdad, pensaba que seguía en coma o era un sueño para despertarme del día).

Acabé en Medjugorie, en Bosnia. Vi aeropuertos y aviones prácticamente vacíos.

La verdad, iba sabiendo lo que vi y lo que sentí cuando le pedí a Dios ver, pero mi cuerpo hacía que dudase, y como digo, cuerpo y alma (vaya cuerpo, como una esponja con hábitos inapropiados) dando un mal trago, dejando que el cuerpo se pierda en el pecado, aun así, curioso llegar ahí y ver y sentir la misma paz que en las mezquitas y parroquias, etc., buscaba.

Aun así, buscaba respuestas, eso sí. Pedí permiso para dejar mi primera poesía en lo alto de una montaña de milagros.

Dicho así, ya que en su momento al Señor le pedí verlo. Sabía que si le pedía que me ayudase algún día, sin prisa ni apuro, me llevaría de su mano, a pesar de que el alma es buena, pero el cuerpo tiene malos hábitos del pasado (a lo cual fui varias veces más a ese mismo lugar y las siguientes dejé mi marca y mi otra poesía). Difícil creer, pero en el primer viaje una familia me regaló un dominio de la web para mi marca (a pesar de que estuvo parada más de un año), ya que el señor es sabio y sabe dar en el momento correcto.

Lo digo porque tardé más de tres años en sacar el libro (o más) o el hecho de que haya gente que con mi testimonio reflexionaban: «Qué duro todo», cuando por más que levantaba gente el rendido yo quedaba, ya que mi alma absorbía su mal y me dejaba en el cuerpo y en ese momento no sabía descargar, eso sí, cierto hasta que la primera vez con Borja Grau me pude confesar.

Curioso que ciertos amigos del camino me dijeron: «¿Sabías que Borja Grau ha sido nombrado sacerdote hace dos meses? ¿Casualidad o no?». El que piense de más es porque escucha el cuerpo y no lo que dije en la página anterior.

Y así, paso a paso, todo llegó a florecer más aún, me atreví, ya que me impacienté escuchando el cuerpo para sacar el clip de las dos primeras poesías, solo por el hecho de que casi todos decían: «Dudamos que sea cierto», al final.

Y por la opinión de un exministro, diciendo: «El día que vayas a sacar el libro, dímelo, pero ahora no molestes», de manera cordial.

Eso me hizo reflexionar, pensar que había logrado más amigos en el camino del despertar, ya que compañeros que graban, estudios, etc. Podía obtener y localizar.

Me atreví a sacar la poesía, eso sí, con ver cómo reacciona la gente, ya que antes yo era diferente.

Y fue magnífico, más de lo que esperaba, más de una puerta se abría, ya no estaba cerrada.

El alma y el cuerpo, ando ahora al encuentro del yin-yang, sea religión musulmana, religión judía, religión cristiana, ya que todos somos humanos, el cuerpo y el alma, acuérdate de paso, no hace falta hacer más allá de lo que pone, deja que fluya el alma porque el tiempo abre la puerta. Lo duro es la espera, ya que el cuerpo es frágil (con sus emociones, sus deseos y malas costumbres adquiridas en el camino). En poco tiempo del despertar me empecé a perder con ejemplos de alrededor, ya que todo era el bien, según el cuerpo de los que deseaban lo prohibido.

Ahora, la verdad, después de cinco años y medio, creo que ya estoy preparado para dar el paso de verdad, exprimir, pulir y hacer realidad lo que pasa a mi alrededor y a su vez en el interior del alma.

***

Ayudar a tanta gente hacía que me sintiera realizado.

Recuerdo visitar lugares de ensueño a los que sonaría increíble que pudiera ir.

Pero sucedía, los de alrededor envidiaban todo lo que me pasaba. En fin, pensamientos del cuerpo que les jugaban malas pasadas.

Y dentro de mí el alma decía: «Qué raro, a pesar de unos años, desde que he vuelto, mis palabras del bien las usaban en mal, ya que los primeros años de despertar, daba a mucha gente mi testimonio. La verdad, no pensaba que la gente estuviera tan vacía».

Tanto el cuerpo como el alma. Las dos partes y en nada.

Illya Stepanenko (Elías)

Me costó volver al restaurante, ya que, con el tema del COVID, había que seguir una serie de normas que mi cuerpo no podía aguantar, oséase, fiebre, por ejemplo, ya que ciego podía estar un tiempo (hasta ese momento ya experimenté dos o tres veces esa experiencia y duraba entre un mes y dos meses), por eso acabé trabajando de repartidor de *pizza*.

No digo que fui un santo al volver. Mi cuerpo en poco tiempo encontraba el placer, sea beber, fumar y poco más. Ya que dentro del mal más allá no quería sobrepasar. El hecho de buscar experiencias o, mejor dicho, superación de vivencias. Y, eso sí, malos consejos de cuerpos perdidos, algunos simplemente para apartarme del camino. Oséase entender que todos somos buenos, solo que el cuerpo de casi todos anda perdido.

En el mundo hay pocos que no se rinden. Y el hecho de los ejemplos que damos a nuestros niños. Tal vez no pensamos que el día de mañana ellos serán los que nos llevarán en brazos. Y, si el alma se les apaga y el cuerpo entorpecido va sin rumbo y con mucha sed, estamos perdidos.

Es duro, pero es cierto.

En la tierra hay un problema que el dinero ciega como un sol, solo que el sol es de Dios, y el dinero quien lo quiere controlar y poner límite a lo que cree conveniente.

Triste pero cierto.

Sabéis lo que lamento no haber aprendido a hacerlo bien desde pequeño. Pero en el fondo no lo lamento, porque esa experiencia, y por otro lado las vivencias, hacen que lo valore de otro modo.

Y vaya modo, donde uno se pone cómodo, teniendo el alma en el control, no el deseo con la máscara de la ilusión.

Pero poco a poco toda reflexión es buena y poner en acción lo leído.

Porque es eso: somos como un espejo, imitamos inconscientemente.

Lo mío es un testimonio, no una imitación.

Lamento la desilusión para aquel que en más de una ocasión escucha el cuerpo y no el alma en acción.

Si observamos a través de los siglos, el mensaje ha sido el mismo, solo que bajo otros sinónimos y ejemplos.

El «yin y el yang», «karma», «judaísmo», «musulmanes», diferentes derivados del cristianismo, podría seguir horas dando ejemplos, a lo que manifestó realmente el Cristo: «Amáis a nuestro Dios y alabadlo». Ya que desde siglos anteriores a él ya se hacía, solo que diferentes mensajes e intereses de cuerpos humanos (placeres, control capital, control social), en fin, por el mal dejándose llevar.

En más de una ocasión solemos huir de la realidad, ya que no nos gusta muchas veces reconocer la verdad. Echando culpas siempre a los demás, y por qué no empezar por uno mismo de quien se ha equivocado en el camino desde el principio dejándose influir por opiniones de cobardías o simplemente los intereses de otros que ocultaban dándonos el pesar.

Desde mi volver a nacer admito que no soy perfecto y, a pesar de haber vuelto, sí que lo fui, pero me dejé llevar por miedos y de cómo eres, de los demás, la culpa es mía, ya que en mis manos tenía la decisión, la culpa es mía y me di cuenta del todo al reconocer y aceptar mi perdición.

Nunca es tarde, y todo es simple.

Reconocer el error, y dejarse llevar por las buenas señales que nos transmite el corazón, no el deseo ni tampoco el placer.

Solo que ya lo sabes: de todo error acabas por aprender.

A lo que decía antes: tantas películas, literaturas, filosofía, que hablan de lo mismo, de hacer el bien, tener Fe y no rendirse, ya que, si hacemos a nuestros hermanos como lo hacía el Cristo, será mucho más simple la vida.

Y todo mal tendrá final y todo enlazará el invisible destino.

Mirar por ejemplo *Star Wars*, ejemplo de la fuerza interna (la Fe). O Harry Potter, volvemos a lo mismo: creer es poder y la esperanza de lo mejor de aprender.

A lo cual *Matrix*, mensaje de Fe y de todo es posible en esta sociedad de apariencia si haces las cosas bien y estudias para ello, y el hecho de elegir lo tenemos a diario unas miles elecciones del bien y el mal, a lo que nos da el resultado de esa elección.

O incluso *Bob Esponja*, en el que el mensaje es claro: somos como una esponja absorbemos el bien y el mal, según a quién sigamos, pero nunca es tarde para cambiar. Mira, incluso, el ejemplo de *Los Simpson*.

Podría dar miles de ejemplos, pero no puedo malgastar el tiempo.

Así que, si eres joven, estudia bien y ve con correctas compañías, ya que, cuando uno está bien, todos le dan la mano y tod@s son tan amig@s. Pero, a la hora de la verdad, se cuentan con una sola mano.

Doy gracias a Dios por poder transmitir este mensaje, ya que, recuerda, Dios solo hay uno.

Y estamos en el tiempo del despertar.

No juzguemos a los demás si no queremos ser juzgados.

Y tampoco está mal echar una mano al que tiene dificultad al levantarse. A pesar de que ya cayó después de levantarse.

Y abrir los ojos es difícil, ya que tod@s dicen que saben.

Yo solo digo lo que experimenté en mi segundo despertar.

Repito y lo digo, no soy perfecto, por más que me digan y me alaben, pero no puedo yo mismo perdonar a mi pasado. Eso sí, acepto y me junto a y prometo no ser como antes, ya que aprendí bien la lección a pesar de todos mis errores y fracasos.

Illya Stepanenko (Elías)

Así que diré que sigo caminando y miro bien el paso a paso. Ya que es un caminar la vida y lo duro es el equilibrio, pero calma a pesar de ser. No te rindas, ya que tener Fe hace renacer como fénix de sus propias cenizas.

A día de hoy, en menos de cinco años he logrado y conseguido lo que jamás pensé.

Y el estar ahora escribiendo esto me da más fuerza para ver el siguiente amanecer y hacer lo posible para que sea mejor que el ayer.

Y seguir al correcto guía da seguridad de saber uno que no está perdido. Ya que, recuerda: tu cuerpo y tu alma han de estar vivos.

Quisiera ver un día que todos pensemos en el mismo destino, ya que hay formas, rituales, contextos que suenan y parecen distintos, pero al final todo acaba siendo lo mismo.

Por más que uno fue y desconfíe, mira que siempre acaba buscando una opinión externa para darle sentido a lo desconocido.

Por eso tenemos tutores, monitores en nuestra vida. Empiezan en nuestros padres, que son un gran pilar de la vida, así que, ya sabes, si quieres formar una familia, fórmate bien para dar buenos ejemplos, que, cuando te toque a ser más viejo, serán el respaldo de tu descendencia. Bonita reflexión, pero ni más ni menos que la vida misma en la perfección de nuestro ser.

Todo, según se vea, puede ser bonito o un desastre. Hay que aprender a ver y entender. Ya que sabes que la sabiduría es infinita y con el poco del saber no puedes debatir y acabando en lucha, o sea debate, en el que suene triste, pero muy probable que puedas perder. Eso sí, uno a uno o de uno a uno. Es donde se sabe que tiene más sentido y la verdad da sentido y al final siempre se destapa.

Mira el Panteón, que acaba siendo de todos los dioses, aunque, si se mira más simple, es solo uno, solo que los cuerpos avariciosos hacen que quieran diferenciarse.

Pero, estando unidos, somos indestructibles.

Incluso el mismo «ateo» ya cree en sí mismo, qué curioso que Dios está en todos nosotros a través de nuestros sentidos corporales: vista, oído, gusto, tacto y olfato; también de los internos: sentido común, imaginación.

Y la Fe que adquirimos al paso de nuestro camino de la vida, alma y cuerpo, recuerda el contexto que lleva el texto.

Volvemos a empezar, durante muchos siglos se plasma mediante escrituras, obras, músicas, reflexiones que acaban siendo el cuerpo y alma.

Valencia, traducido del latín, significa 'donde se está bien'. Invito a visitarla, experimentar.

Hoy en día estamos viviendo momento turbios en los que los que influyen son poco conocedores y más manifiestan sus dudas y temores.

Hagamos que vivamos el presente, en el que el cuerpo y el alma estén en paz y no tengamos que dudar del que está a nuestro lado o delante o detrás.

Illya Stepanenko (Elías)

La confusión, sea mental o física, es muchas veces el desconocer o un mal ejemplo que hemos adquirido en lo largo del camino.

Y una vez más pido disculpas por si te he ofendido.

El hecho que escribo este libro mi cuerpo me da la posibilidad de expresar lo que siente mi alma.

Gracias por seguir leyendo y, lo más importante, no tengas miedo de expresar lo que tu alma siente.

Seamos buenos como a nosotros nos gustaría que fuesen con nosotros.

Muchas veces el desconocer el camino hace que se rinda uno por temor, cuando el alma coge el valor, eso sí, siempre con conocimiento y educación.

Se puede llegar cerca de la perfección.

Quisiera seguir compartiendo y escribiendo. Pero, siento admitirlo, sigo estudiando día a día, ya que el camino varía según nuestros días.

Te invito a que descubras el caminar de la vida, eso sí, recuerda, con educación y respeto.

No es necesario rebajarse uno. Ya que nos reviven y recuerdan según nuestro comportamiento. Y no es que me lo invento.

Toma un momento de reflexión y para, suspira, medita para encontrar la paz interior.

Las veces que tenía señales desde el volver a nacer. Eran claras y daban intriga. Como un accidente que pude evitar no estar en él. Íbamos a un evento musical y el conductor del coche en el que iba se lo tomaba como un conductor nato, cuando, según entendí, ya había siniestrado varios coches.

Aquella noche se me rompió el bolso que llevaba y yo dije:

–Es una señal.

Y a los pocos instantes un Honda Civic apareció delante y dijo:

–Elías, tú irás con nosotros, así irás cómodo.

Curioso que nosotros llegamos al destino. El otro no, puso el coche a 120 km/h en una rotonda haciendo que el motor se pusiese por debajo y siniestrando el auto. Los copilotos, pobres de ellos, acabaron lesionados: hombros y problemas en las cervicales.

Sonará curioso: cuerpo y alma.

Simples señales.

Lo dicho: por ahora paro de escribir, ya que aún me queda mucho camino que vivir. Eso sí, todo tiene el invisible sentido si empiezas a caminar correctamente en el camino. Sin envidias, sin soberbia, sin gula, sin lujuria, sin pereza.

La vida acaba siendo todo una belleza.

Seamos realistas, vivimos y donde estamos es un prestigio.

No olvidemos que los hay que están peor, y no decaen en la tristeza y la amargura, sino al revés, esfuerzo y esperanza de un mañana más bonito, maravilloso y mejor. Si no lo es, de ello hay que aprender, que así es la vida.

No siempre de suerte, luz y nobleza, sino lo contrario, desafortunadamente, oscuridad y pobreza.

Son comparaciones, no precisó materiales, ya que también tenemos sentimientos, ilusiones, virtudes y más cosas en el alma.

Sonará simple, vivirlo a veces es lo duro.

Pero no tengas miedo a verlo de otra forma.

No siendo periodista y haciéndote preguntas, sino protagonista, ya que el guion de tu vida depende de ti, de tu forma de verlo, expresarlo, transmitirlo y aceptarlo.

En filosofía suena fácil y simple. Pero en la práctica, donde hay que acostumbrar el subconsciente a verlo de la mejor forma o bien dicho «aceptación».

Quisiera escribir y escribir, pero no hay ni hojas y, lo más importante, tiempo suficiente para transmitir todo lo que uno siente, ya que distracciones a montones y buenos momentos duran poco y quedan en vividos o nostálgicos recuerdos.

Hablo de este modo, ya que, en mi caminar por la vida, más torpezas, no deseadas sorpresas, malas promesas, en fin, un desastre que recuerdo.

Por más que pase tiempo, si uno no se perdona y acepta, todo quedará en una conmemoración muy cercana y nostálgica.

La vida tan simple, el alma muy fuerte y el cuerpo muy débil.

***

A lo largo de estos años he podido lograr cosas que antes solo podría tener como ilusión o un sueño inalcanzable. Doy por hecho que, si luchas por un sueño, no te rindes y luego al final sale el resultado, incluso si no es para ti, hace que se aparte esa lucha, ya que no es para ti.

Poco a poco uno aprende a caminar y poco a poco uno sabe cómo estar y, lo más importante, con quién. El dicho de «Dime con quién vas y te diré quién eres».

Ni más ni menos que acabamos adquiriendo costumbres prácticamente invisibles.

Desde los veintiocho, a pesar de la dificultad de caminar y confiar (ya que confiaba en tod@s), tuve que aprender a analizar. Confieso que juego a ajedrez a diario, y me ha ayudado mucho en mi vida cotidiana, aunque admito que no soy perfecto, ya que sigo caminando y aprendiendo.

Este pequeño libro es una pequeña biografía y a su vez una reflexión de la vida misma, ya que, inconscientemente, casi tod@s nos parecemos. Lo diferente, o lo duro, es la educación que a lo largo de la vida vamos adquiriendo. Es duro ver cuando algunos maestros dan malos ejemplos, sean tutores, padres, familiares, amigos: ejemplos inmensos.

Quisiera que diésemos buen ejemplo a las nuevas generaciones y no diésemos tantas libertades como a los mayores.

Para influir y opinar, hay que tener un conocimiento adquirido, una formación del saber de lo que se habla; no del desconocer, del parecer, de opinar sin exactamente saber.

Así no va «el cuerpo y alma».

Un cuerpo sin conocimiento puede acabar siendo un alma perdida.

Así que hagámoslo para próximas generaciones, y así no tengamos tanto miedo al fin de nuestros días, ya que gracias a ell@s será todo más fácil.

Esta foto la hice a dos palomas. Una de ellas no pudo ver el día siguiente y la otra no podía despegar su sentimiento del alma hasta su fin.

La verdad, me mostró mucho más de lo que esperaba en ese momento. Y que admito que ahí aún no era tan creyente.

Así que no tengamos miedo al camino, aprendamos en el transcurso de nuestro paso para que el cuerpo pueda adquirir correcto conocer y el alma no se vaya a perder.

Un joven resulta herido en un accidente de moto en la Avenida Fernando Abril Martorell de Valencia

La colisión se produjo en las proximidades del Hospital La Fe

Un joven de 28 años ha resultado herido traumatismo craneoencefálico tras tener un accidente con la motocicleta que conducía, según ha informado el CICU.

El siniestro se produjo por causas que se están investigando sobre las 4 horas de la madrugada de este viernes en la avenida Fernando Abril Martorell de Valencia.

Hasta el lugar, se movilizó una unidad del SAMU, cuyo equipo médico asistió a este joven por traumatismo craneoencefálico y tras ser estabilizado fue trasladado al Hospital La Fe.

Fuente: Las Provincias

Semyá Productions

Spotify

Videoclips

Illya Stepanenko (Elías) un joven escritor, artista de poesía folclórico que saca su segundo libro tras haber hecho el libro *¿Crees en la poesía?*

En este libro actual, expone su forma de cambio en el camino de su vida y la evolución de forma de ver el mundo y aceptaciones.

Espera que más personas puedan ver el mundo de la manera que él la ve, y poder crear un estilo y vivir en un mundo mejor.

2024

2018

2024